# BEI GRIN MACHT SICH IHR WISSEN BEZAHLT

- Wir veröffentlichen Ihre Hausarbeit, Bachelor- und Masterarbeit

- Ihr eigenes eBook und Buch - weltweit in allen wichtigen Shops

- Verdienen Sie an jedem Verkauf

## Jetzt bei www.GRIN.com hochladen und kostenlos publizieren

**Bibliografische Information der Deutschen Nationalbibliothek:**

Die Deutsche Bibliothek verzeichnet diese Publikation in der Deutschen National-
bibliografie; detaillierte bibliografische Daten sind im Internet über http://dnb.d-
nb.de/ abrufbar.

**Impressum:**

Copyright © 2020 GRIN Verlag
Druck und Bindung: Books on Demand GmbH, Norderstedt Germany
ISBN: 9783346168108

**Dieses Buch bei GRIN:**

https://www.grin.com/document/535507

Katja Hageneier

# Zusammenfassung "Wirtschafts- und Sozialkunde". WiSO kaufmännische Ausbildung

GRIN Verlag

**GRIN - Your knowledge has value**

Der GRIN Verlag publiziert seit 1998 wissenschaftliche Arbeiten von Studenten, Hochschullehrern und anderen Akademikern als eBook und gedrucktes Buch. Die Verlagswebsite www.grin.com ist die ideale Plattform zur Veröffentlichung von Hausarbeiten, Abschlussarbeiten, wissenschaftlichen Aufsätzen, Dissertationen und Fachbüchern.

**Besuchen Sie uns im Internet:**

http://www.grin.com/

http://www.facebook.com/grincom

http://www.twitter.com/grin_com

# Zusammenfassung

## Lernfeld 1  - Wirtschafts- und Sozialkunde

# Inhalt

# Zusammenfassung LF 1 (WiSo)

## 1. Duales System

Im Dualen System werden Ausbildungsberufe an zwei unterschiedlichen Lernorten ausgebildet.

a) im Betrieb (praktische und berufsbezogene Tätigkeiten werden erlernt, Berufserfahrung wird gesammelt)

b) in der Berufsschule (überwiegend theoretische, berufsbezogene Inhalte werden vermittelt, Erweiterung oder Vertiefung der Allgemeinbildung)

### 1.1 Rechtliche Grundlagen

| Lernort Betrieb | Lernort Berufsschule |
|---|---|
| Ausbildungsvertrag | Schulgesetz (Bundesland) |
| Ausbildungsrahmenplan | Lehrplan (Bundeland) |
| Ausbildungsordnung | Rahmenlehrplan (KMK = Kultusministerkonferenz) |

Beteiligte an der Ausbildung

- Auszubildender (erlernt einen anerkannten Ausbildungsberuf aufgrund einer bundesweit gültigen Ausbildungsverordnung

- Ausbildender (Person, die im Unternehmen eine Ausbildung anbietet)

- Ausbilder (führt stellvertretend für den Ausbildenden die Ausbildung durch, wenn persönliche und fachliche Eignung und die Ausbildereignungsprüfung vorliegt)

### 1.2 Rechtliche Grundlagen

a) Berufsbildungsgesetz (BBiG)regelt Fortbildungen, Umschulungen und Ausbildungen

b) Ausbildungsordnung (AO) enthält Bezeichnung des Ausbildungsberufs, Ausbildungsdauer, berufliche Fertigkeiten, Kenntnisse und Fähigkeiten und Prüfungsanforderungen

c) Ausbildungsberufsbild gibt Übersicht über die Fertigkeiten und Fähigkeiten, die während der Ausbildung erlernt werden sollen (sachliche Gliederung)

d) <u>Zeitlich-sachliche Gliederung</u> dient dem Ausbildenden als Grundlage für den betrieblichen Ausbildungsplan

e) <u>Ausbildungsplan</u> ist die inhaltliche Umsetzung der zeitlich-sachlichen Gliederung

f) <u>Berichtsheft</u> dient als Nachweis für die Umsetzung der Inhalte des Ausbildungsrahmenplans im Betrieb, Beschreibung der tatsächlich erlernten Fertigkeiten und Fähigkeiten

g) <u>Rahmenlehrplan</u> (Berufsschule) regelt die Ziele und Inhalte des Berufsschulunterrichts

## *1.3 Der Ausbildungsvertrag*

Muss die folgenden Punkte beinhalten:

- Zeitliche und sachliche Gliederung

- Beginn und Dauer der Ausbildung

- Externe Maßnahmen

- Dauer der täglichen Ausbildungszeit

- Dauer der Probezeit

- Vergütung

- Dauer des Urlaubs

- Kündigungsbedingungen

- Hinweise auf Tarifverträge und Betriebsvereinbarungen

# 2. Mitbestimmungsorgane im Unternehmen

## 2.1 Jugend- und Auszubildendenvertretung (JAV)

- Mindestens 5 jugendliche Auszubildende oder Arbeitnehmer, die das 25. Lebensjahr noch nicht vollendet haben

- Wählen dürfen: alle jugendlichen AN, die nicht älter als 18 Jahre alt sind, Auszubildende, die nicht älter als 25 Jahre alt sind

- Gewählt werden darf: alle MA, die das 25. Lebensjahr noch nicht vollendet haben

- Alle zwei Jahre wird gewählt, zwischen 1. Oktober und 30. November

- Immer eine ungerade Zahl von Mitgliedern

| | | |
|---|---|---|
| ➤ 5-20 | ➤ | 1 |
| ➤ 21-50 | ➤ | 3 |
| ➤ 51-150 | ➤ | 5 |
| ➤ 151-300 | ➤ | 7 |
| ➤ 301-500 | ➤ | 9 |
| ➤ 501-700 | ➤ | 11 |
| ➤ 701-1000 | ➤ | 13 |
| ➤ 1001-... | ➤ | 15 |

- Mitglieder der JAV genießen einen besonderen Kündigungsschutz während der Ausbildung und ein Jahr darüber hinaus

- Anspruch auf Übernahme

## 2.2 Betriebsrat (BR)

- Ständig mehr als 5 wahlberechtigte AN

- Keine Pflicht zur Gründung eines BR

- Einstellung von MA, Vertretung und Vermittlung der AN, Kündigungen, beschützt die MA vor der Willkür des AG, Betriebsvereinbarungen, Gleichberechtigung, Gleichstellung bei Behinderungen, Überstundenregelung, Arbeitsschutz, Arbeitsbedingungen, Vermittlung zwischen JAV und AG, Beantragung von Maßnahmen, ...

| | |
|---|---|
| ➢ Mitbestimmungsrecht | ➢ Bei sozialen Angelegenheiten: Behinderungen, Mutterschutz, Gleichberechtigung, Arbeitssicherheit, ergonomischer Arbeitsplatz |
| ➢ Zustimmungsverweigerungsrecht | ➢ Bei personellen Angelegenheiten: bei Kündigungen, bei Einstellungen, Versetzungen, Kurzarbeit, Löhne & Gehälter, Überstunden, Einhaltung Tarifvertrag |
| ➢ Mitwirkungsrechte | ➢ Widerspruchsrecht, Beratungsrecht, Anhörungsrecht, Informationsrecht |

# 3. Das Jugendarbeitsschutzgesetz

Das Jugendarbeitsschutzgesetz (JuArbSchG) gilt für die Beschäftigung von Personen zwischen 15 und 18 Jahren.

Inhalte:

- Die tägliche Arbeitszeit darf nicht mehr als 8 Stunden betragen, wöchentlich nicht mehr als 40 Stunden

- Wenn die Berufsschule vor 9 Uhr beginnt, darf der Jugendliche nicht beschäftigt werden

- An Berufsschultagen mit mehr als fünf Unterrichtsstunden darf der Jugendliche einmal in der Woche beschäftigt werden, diese Tage werden einmal wöchentlich mit 8 Stunden auf die Arbeitszeit angerechnet.

- Der Auszubildende muss für die Berufsschule, sowie für Prüfungen freigestellt werden, Teilnahmen dürfen nicht von der Vergütung abgezogen werden

- Pausen gelten als Ruhepausen, wenn sie mindestens 15 Minuten betragen, zwischen 4,5 und 6 Stunden Arbeitszeit muss die Pause mindestens 30 Minuten betragen, bei mehr als 6 Stunden Arbeitszeit muss die Pause mindestens 60 Minuten betragen. Jugendliche dürfen nicht länger als 4,5 Stunden am Stück beschäftigt werden.

- Im Schichtbetrieb dürfen Jugendliche nicht mehr als 10 Stunden beschäftigt werden, im Bergbau maximal 8 Stunden, in der Gastronomie, Landwirtschaft, Tierhaltung und auf Baustellen maximal 11 Stunden

- Jugendliche dürfen nur zwischen 6 und 20 Uhr beschäftigt werden, in der Gastronomie bis 22 Uhr, in der Landwirtschaft zwischen 5 und 21 Uhr, am Tag vor der Berufsschule generell nur bis 20 Uhr.

- Beschäftigungen sind nur an 5 Tagen in der Woche zulässig, die beiden Ruhetage sollten aufeinanderfolgend sein

- An Samstagen und Sonntagen und am 24. Und 31. Dezember nach 14 Uhr und an gesetzlichen Feiertagen dürfen Jugendliche nicht beschäftigt werden, außer in Krankenhäusern, Landwirtschaft, ärztlichem Notdienst, usw.

- Der Urlaub muss mindestens 30 Tage bei Jugendlichen, die zum Anfang des Kalenderjahres noch nicht 16 Jahre alt sind, betragen. Wer noch nicht 17 Jahre alt ist, hat Anspruch auf 27 Tage, ab 18 Jahren besteht ein Anspruch auf 25 Werktage Urlaub

- Jugendliche dürfen nicht beschäftigt werden, wenn die Arbeit zu körperlichen oder seelischen Schäden führen kann

- Jugendliche dürfen keine Akkordarbeit leisten

- Jugendliche müssen innerhalb der letzten 14 Monate von einem Arzt untersucht
  worden sein und die Bescheinigung dem Arbeitgeber vorlegen. Die
  Nachuntersuchung darf nicht länger als 3 Monate zurückliegen.

# 4. Handlungskompetenz

## Handlungskompetenz

- Fachkompetenz – Fertigkeiten, speziell für den Beruf

- Persönliche Kompetenz – Kritikfähigkeit, Zuverlässigkeit, Werte und Normen

- Sozialkompetenz – Teamarbeit, Konfliktfähigkeit

- Methodenkompetenz – strukturiertes, analytisches Vorgehen zur Lösung von Aufgaben

Fertigkeiten, Fähigkeiten, Kenntnisse müssen am Ende der Ausbildung so umsetzbar und erlernt sein,
dass der Azubi sie im Arbeits- und Privatleben einsetzen kann und seine Arbeitsaufgaben selbständig
erledigen kann

## Kompetenzen herausfinden

Was sind meine Stärken / Schwächen?

Welche Normen und Werte vertrete ich?

Wie wirke ich auf andere?

Reflektion / Selbstreflektion

In welchem Bereich habe ich Fachwissen?

Realistische Einschätzung der eigenen Belastbarkeit

→ Stärken kultivieren, Schwächen beheben
→ Stärken und Schwächen nutzen
→ Über den Schatten springen
→ Ziele ausrichten!
→ Authentisch auftreten

# 5. Ziele setzen und verwirklichen

- Was will ich erreichen?
- Weiterkommen im Leben
- Selbst Struktur geben
- Selbsterfüllung
- Selbst etwas zu beweisen / Erfolge haben
- Persönlichkeitsentwicklung
- Realistisch bleiben

## Zielformulierung

Erreichbar, machbar, Etappen (Meilensteine), konkret, planbar, terminiert, einfach, realistisch, positiv, überprüfbar, anspruchsvoll

### SMART – Formel zur Zielformulierung

S – spezifisch, simpel

M – messbar

A – anspruchsvoll

R – realistisch

T – terminiert

# 6. Ausgelernt- was dann?

- Bereich/Branche wechseln
- Stelle suchen / Bewerben
- Berufliche Qualifikation erweitern – Anpassungsfortbildung (Kenntnisse vertiefen), Aufstiegsfortbildung (höhere berufliche Qualifikation, Fachwirt)
- Weiterbildung

## Fortbildung / Weiterbildung

**Fortbildung** – Schulungsangebote, VHS, Berufsschulen, ohne staatliche Prüfung

**Weiterbildung** - Prüfung vor einer zuständigen Stelle (IHK, HWK, …)

## Fortbildung

- VHS
- Berufsschulen
- Fernstudium
- EDV- Kurse
- Fremdsprachenzertifikate
- Fachhochschulreife

- Ersthelfer

## Weiterbildung

- IHK, HWK, …
- Umschulung
- Meister / Techniker
- Ausbilderschein (AEVO / AdA)
- Fachwirt / stattl. geprüft ….

### Finanzierung der Weiterbildung

- Bildungsgutschein Agentur für Arbeit
- Private Mittel
- Rentenversicherung
- Arbeitgeber
- Staatliche Förderung, BAföG
- Stipendium
- Begabtenförderung (bis zu 25 Jahren)
- Bildungsurlaub

### Welche Kosten fallen bei einer Weiterbildung an?

- Lernmaterial / Literatur
- Fahrtkosten / Übernachtung / Verpflegung
- Kurse / Dozenten
- Anmeldegebühr
- Bewerbungskosten Praktikum
- Kinderbetreuung

# 7. Lernen als lebenslanger Prozess

- → Wissen aneignen
- → Vom Kurzzeit- zum Langzeitgedächtnis
- → Veränderung des Verhaltens
- → Weiterentwicklung / Selbstwert
- → Training für das Gehirn
- → Veränderung der persönlichen Umstände
- → Veränderung der beruflichen Umstände

➔ Finanzielle Lage verbessern

**Motivation**

➔ Kein Lernen ohne Motivation

➔ Extrinsische (von außen), intrinsische (von innen)

Motivationssteigerung

➔ Belohnungen setzen

➔ Kleine Ziele setzen

➔ Regelmäßig lernen / Struktur

➔ Durchhaltevermögen / Autosuggestion

➔ Spaß entwickeln

➔ Pausen einhalten

➔ Feste Zeiten setzen

➔ Ruhige Umgebung (keine Ablenkung)

➔ Prokrastination (Aufschieben von Arbeit)

**Zeitmanagement**

➔ Zeiten setzen

➔ Pausen machen

➔ Lernzeiten einteilen

➔ Einteilung der Aufgaben(nach Schwierigkeit, nach Aufwand)

➔ Leistungshochs nutzen

## Konzentration

→ Angenehme Umgebung

→ Strategien zur Verbesserung der Konzentration (Yoga)

→ Ordnung und Sauberkeit

→ Entschleunigung


## Umgang mit der Angst

→ Arbeitsplan

→ Therapeuten aufsuchen / Jobcoach / Hilfe suchen

→ Entspannung

→ Gruppenarbeit / Nachhilfe

→ Realistische Ziele

→ Realistische Gedanken


## Verarbeitung von Informationen mit Hilfe von Elaborationsstrategien

→ Ausarbeitung, Vertiefte Informationsverarbeitung

→ Beispiele suchen

→ Verschiedene Wahrnehmungskanäle

Strategien:

→ Formal-syntaktisch – Text abschreiben, selbst schreiben, unterstreichen

→ Semantisch – Text zusammenfassen, Überschriften bilden

→ Intensiv-semantisch – Verbindung zu persönlichen Erfahrungen, Mindmap

## Selbstreflektion – metakognitive Fähigkeiten

➔ Verhalten überprüfen

➔ Auseinandersetzung mit Denkweise / Lernstrategien

➔ Kognitiv – Denken, Herz und Verstand

# 8. Organisationsstrukturen

- Aufgabenverteilung
- Weisungsbefugnis
- Kommunikationswege

## Aufbauorganisation

- Organigramm
- Stellt die Organisation eines Unternehmens dar

## Stabstelle

- Nicht weisungsbefugt
- Verbindung zwischen Angestellten und Vorgesetztem
- Assistenz der Geschäftsleitung

## Vorteile der Stabstelle

- Entlastung der übergeordneten Stelle
- Direkter Ansprechpartner

## Nachteile der Stabstelle

- Konflikt zwischen Angestellten und Stabstelle
- Herrschaftswissen der Stabstelle
- Konflikt zwischen Stabstelle und übergeordneter Stelle
- Überlastung der Stabstelle / zeitaufwändig

## Einlinien- und Mehrliniensystem

## Einliniensystem

- Konkrete Aufgabe

- Konkreter Ansprechpartner

- Lange Entscheidungswege

- Übersichtlich und einfach

## Mehrliniensystem

- Mehrere Ansprechpartner / Vorgesetzte

- Bessere Vernetzung der einzelnen Abteilungen

- Lange und falsche Informationsverarbeitung

- Mehr Kontrolle durch mehrere Vorgesetzte

- Kompetenzstreitigkeiten

- Schlecht nachzuverfolgen

# Traditionelle Organisationsformen

- Funktionale Aufbauorganisation

- Divisionale Aufbauorganisation

- Matrixorganisation

## Funktionale Aufbauorganisation

In **Abteilungen** aufgeteilt, direkte Ansprechpartner

- Überlastung der Geschäftsführung / Abteilungsleiter

- Kein Prozessdenken / kein ganzheitliches Denken

- Übersichtlicher, aber längere Entscheidungswege

## Divisionale Aufbauorganisation

In **Sparten** aufgeteilt, nach Produkten aufgeteilt

- Entlastung der übergeordneten Stellen

- Bessere Steuerung der einzelnen Sparten

- Mehr Personalbedarf

- Ganzheitliches Denken innerhalb der Sparte

- Flexibler, durch weniger Hierarchie

- Spartendenken, Konkurrenz zwischen den Sparten

## Matrixorganisation

- Mix aus funktionaler und divisionaler Organisation

- Immer einen spezifischen Ansprechpartner

- Keine klare Weisungsbefugnis

- Entlastung der GF durch Delegierung

- Hoher Bedarf an qualifizierten Führungskräften

- Informations- und Entscheidungswege verkürzen sich

- Expertenwissen

# 9. Entscheidungen im Unternehmen – weisungsbefugt ...

Vollmachten im Unternehmen

- Prokura

- Handlungsvollmacht (Generalvollmacht)

- Artvollmacht

- Einzelvollmacht

## 9.1 Prokura

- Höchste Art der Vollmacht

- Gewöhnliche und außergewöhnliche Geschäfte ausführen

- Gerichtliche und außergerichtliche Geschäfte und Rechtshandlungen

Gewöhnliche Geschäfte:

- Kündigungen

- Einstellungen

- Kaufverträge abschließen

Außergewöhnliche gerichtliche Geschäfte:

- Strafanzeigen stellen

- Prozessvollmacht erteilen (wer darf das Unternehmen vor Gericht vertreten?)

- Prozesse für den Betrieb führen

<u>Außergewöhnliche außergerichtliche Geschäfte:</u>

- Darlehen aufnehmer
- Geschäftszweig ändern
- Schenkungen und Spenden tätigen

<u>Arten der Prokura</u>

- <u>Einzelprokura</u> – eine Person ist alleine befugt
- <u>Gesamtprokura</u> – mehrere Personen dürfen gemeinsam entscheiden
- <u>Filialprokura</u> – Prokura ist beschränkt auf einzelne Filialen

ppa. – per procura autoritate (mit der Macht der Prokura)

## 9.2 Handlungsvollmacht /Generalvollmacht (i.V.)

Geschäfte und Rechtshandlungen ausführen, die den Betriebszweck erfüllen

<u>Jemand mit Handlungsvollmacht darf:</u>

- Gewöhnliche Geschäfte und Rechtshandlungen durchführen (Kaufverträge, Personal einstellen, Entlassungen von Personal)

<u>Gesetzlich verboten:</u>

- Prokura erteilen
- Handelsregistereintragungen
- Insolvenzverfahren einleiten
- Unternehmen verkaufen
- Eid leisten
- Bilanz und Steuererklärungen unterschreiben
- Gesellschafter aufnehmen

i.A. im Auftrag

i.V. in Vollmacht (NICHT in Vertretung!)

9.3 Artvollmacht (i.A.)

- Bestimmte Art von Rechtsgeschäften vornehmen

- Ohne Zeitbeschränkung

- Z.B. im Einkauf (Preise verhandeln, Rabatte aushandeln)

## 9.4 Einzelvollmacht (i.A.)

- Vornahme einzelner Rechtsgeschäfte

- Quittung ausstellen

- Verkauf eines Hauses

- Prozess führen

# 10. Das Unternehmen in der Gesamtwirtschaft

## 10.1 Bedürfnisse

- Grundbedürfnisse (Primärbedürfnisse) – dringend notwendig, Kleidung, Nahrung, Wohnraum, Krankenversicherung (medizinische Versorgung)

- Sekundärbedürfnisse – Luxusgüter, Urlaub, Auto, Bildung, besondere Restaurantbesuche, Genussmittel, Alkohol, Schokolade, Chips, Elektronik, Freizeitaktivitäten, Kino, Theater, Markenkleidung, Schmuck, Toilette, Haus mit Garten, Friseur, Luxuseinrichtung, Bad, Haustiere, …

**Kulturbedürfnisse**

Kino, Konzert, Medien, Theater, Museum, …

**Luxusbedürfnisse**

Yacht, Porsche, Butler, Eigentum, Genussmittel, … Hoher finanzieller Hintergrund, hohen Lebensstandard, kann sich der Großteil der Bevölkerung nicht leisten

**Individualbedürfnisse**

Jeder für sich persönlich, einzeln konsumierbar

**Kollektivbedürfnisse**

Mehrere Personen kommen gleichzeitig in den Genuss, Polizei (Schutz & Sicherheit)

## 10.2 Bedarf

- Stillung der Bedürfnisse, Kaufkraft vorausgesetzt (Geld)

- Güter zur Bedürfnisbefriedigung

## 10.3 Güter

| | Gebrauchsgüter | Mehrmals nutzbar | Fahrzeuge |
| --- | --- | --- | --- |
| | | | Technik |
| | | | Möbel |
| Nutzungszeitraum | | | Kleidung |
| | Verbrauchsgüter | Einmalig nutzbar | Nahrung |
| | | | Medikamente |
| | | | Eintrittskarten |
| | | | Hygieneartikel |
| | Freie Güter | Von Natur aus im Überfluss vorhanden | Luft |
| | | | Sonnenlicht/-wärme |
| | | | Sand |
| Verfügbarkeit (Knappheit) | | | Pflanzen |
| | | | Wasser |
| | Wirtschaftliche Güter | Mit Kosten verbunden | Sämtliche Produkte |
| | | Hergestellt aus freien Gütern | |
| | | Knappe Güter | |
| | Konsumgüter | Dienen dem Endverbraucher als Bedürfnisbefriedigung | Nahrungsmittel |
| | | | Möbel |
| Produktionsprozess | Produktionsgüter | Zur Herstellung der Konsumgüter | Werkzeuge |
| | | | Maschinen |
| | | Investitionsgüter | Transportmittel |
| | | | Roboter |

| | | | |
|---|---|---|---|
| Gegenständlichkeit | Materielle Güter | Körperlich vorhanden Sachgüter | Maschinen Gebäude Nahrungsmittel |
| | Immaterielle Güter | Nicht gegenständlich Recht Dienstleistungen | Leistungen (Service) Rechtsberatung (Jurist / Notar) Informationen /Medien Patente Arzt / Untersuchung |
| Austauschbarkeit | Komplementäre Güter | Miteinander verwendbar, ergänzen sich | Füller / Patrone Auto / Benzin Maschine / Wäsche |
| | Substituierbare Güter | Können andere Güter ersetzen | Bleistift / Kugelschreiber Benzin / Elektro Taschenlampe / Kerze Marmelade / Nutella |
| Unterscheidbarkeit | Homogene Güter | Gleichartig Einheitlich | Eier Mehl Benzin Zucker |
| | Heterogene Güter | Verschiedenartig Mehrfach | Pkw Kleidung Technische Geräte |

## 10.4 Das ökonomische Prinzip

Maximalprinzip = mit festgelegten Mitteln das größtmögliche Ziel erreichen

Minimalprinzip = bestimmtes Ziel erreichen mit den geringsten Mitteln

### Ökonomisches Prinzip

## 10.5 Produktionsfaktoren

Alle Güter oder Dienstleistungen, die notwendig sind, um zu produzieren

| BWL | VWL |
|---|---|
| Betriebsmittel | Kapital |
| Roh-, Hilfs- und Betriebsstoffe | Boden |
| Maschinen | Arbeit |
| Arbeitsleistung | |
| Leitenden Arbeit | |
| Ausführende Arbeit | |
| Standort | |
| Ware | |

## 10.6 Volkswirtschaftliche Produktionsfaktoren

Boden – Abbauboden (Kohle), Anbauboden (Anbau von Pflanzen), Standortboden (Standort für Unternehmen)

Arbeit – menschliche Arbeit, körperliche und geistig

Kapital – Produktionsmittel (Betriebsstoffe, Rohstoffe, Maschinen, Werkzeuge, …) und finanzielle Mittel

## 10.7 Arbeitsteilung

- Menschen waren Selbstversorger
- Feststellung: Arbeitsteilung - bessere Aufgabenlösung
- Spezialisierung

Berufsbildung

- Der Einzelne spezialisiert sich auf ein Fachgebiet

Berufsspaltung

- Spaltung der Grundberufe durch technologischen Fortschritt

Marktformen

1. Beschaffungsmarkt
2. Absatzmarkt
3. Kapitalmarkt

Zu 1)

- Material
- Rohstoffe
- Mitarbeiter
- Dienstleistungen
- Produkte

Zu 2)

- Produkte
- Dienstleistungen

Zu 3)

- Kapitalherkunft

## 10.8 Wirtschaftssektoren

1. Primär

2. Sekundär

3. Tertiär

Zu 1)

- Natürliche Ressourcen
- Gewinnung von Rohstoffen
- Bergbau
- Landwirtschaft
- Erdöl (Bohrinsel)
- Fischerei
- Forstwirtschaft

Zu 2)

- Verarbeitung der Rohstoffe (Produzierend)
- Molkerei (Fabrik)
- Sägewerk (Tischler, Schreiner,…)
- Industriebetriebe / Handwerk
- Handelsbetriebe

Zu 3)

- Dienstleistungen
- Ärzte / Krankenhäuser
- Tourismus
- Gebäudereinigung
- Friseur
- Banken & Kreditinstitute
- Transportunternehmen
- Versicherungen

- Gastronomie

- Inkassounternehmen

- Architekten / Raumausstatter

- Unterhaltungsbranche

## 10.9 Produktionsfaktoren (VWL)

1. Boden

2. Arbeit

3. Kapital

## 10.10 Wirtschaftskreislauf

1. Der einfache Wirtschaftskreislauf

- ➤ Unternehmen & Haushalte (Geldstrom & Güterstrom)

- ➤

*Anmerkung der Redaktion: Die Abbildung wurde aus urheberrechtlichen Gründen entfernt.*

2. Wirtschaftskreislauf mit Banken

*Anmerkung der Redaktion: Die Abbildung wurde aus urheberrechtlichen Gründen entfernt.*

3. Der erweiterte Wirtschaftskreislauf mit Staat

*Anmerkung der Redaktion: Die Abbildung wurde aus urheberrechtlichen Gründen entfernt.*

4. Der erweiterte Wirtschaftskreislauf mit Ausland

*Anmerkung der Redaktion: Die Abbildung wurde aus urheberrechtlichen Gründen entfernt.*

## 10.11 Beziehung zwischen Exporten und Importen

➔ Wirkung auf Außenbeitrag der Volkswirtschaft

<u>Exporte = Importe</u>

➔ Ausgeglichener Außenbeitrag – es wird genauso viel Geld eingenommen, wie ausgegeben

<u>Exporte > Importe (Exportüberschuss)</u>

➔ Inländische Geldmenge vergrößert sich

➔ Mehr Waren ans Ausland als ins Inland

➔ Beschäftigung erhöht

➔ Inflation (Preise steigen)

<u>Exporte < Importe (Importüberschuss)</u>

➔ Beschäftigung sinkt

➔ Weniger Geld im Inland

➔ Preisstabilität

➔ Mehr Waren ins Land als aus dem Land heraus

# 11. Unternehmensleitbild + Unternehmensziele

„Charakter des Unternehmens" – Wofür stehen wir?

<u>Schriftlich fixierte Ziele + Strategien</u>

Kurzbeschreibung des Unternehmens

Ziele im Hinblick auf Umwelt

Grundprinzipien

Imagepflege

Welche Ziele wollen wir erreichen? Wie erreichen wir diese Ziele?

Unternehmensleitbild setzt sich aus den Zielen des Unternehmens zusammen, im Hinblick auf die „Zusammenarbeit" und den Umgang mit:

- **Kunden** (Qualität der Produkte, Transparenz, Service, Kundenzufriedenheit, langfristige Kundenbeziehung, Lieferzeiten, …)

- **Umwelt** (umweltschonend, Nachhaltigkeit, Ressourcen schonen, verantwortungsvoll mit Rohstoffen umgehen, …)

- **Mitarbeiter** (Zufriedenheit, Motivation, Freundlichkeit, gute Arbeitsbedingungen, zusätzliche Leistungen, Weiterbildung, Förderung, Gewinnbeteiligung, …)

- **Wirtschaftlichkeit** (Standort, Expansion, erfolgsorientiert, Marktanteile erhöhen, …)

## 11. 1 Zieldimensionen

Ziele der Wirtschaftlichkeit kann man messen.

- Umsatz / Gewinn <u>= Gesamtgewinn / Reingewinn</u> = Erträge - Aufwendungen

- <u>Eigenkapitalrentabilität</u> = Gewinn / Eigenkapital * 100

- <u>Wirtschaftlichkeit</u> = Leistung / Kosten

## 11.2 Zielebenen

1. Unterziel

2. Zwischenziel

3. Oberziel

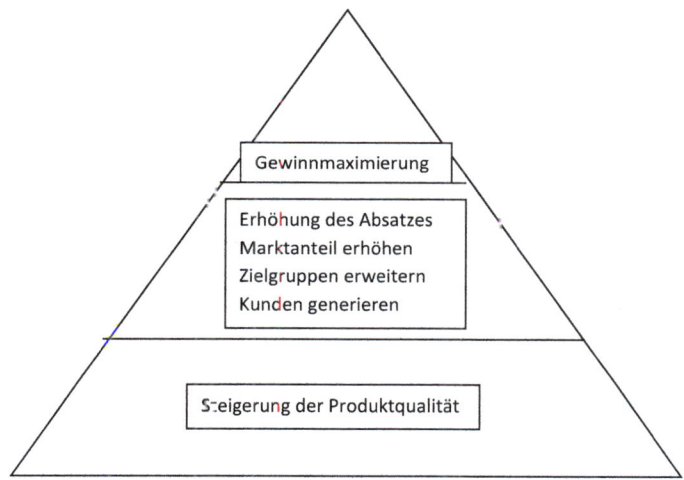

**Kurzfristige Ziele – 1 Jahr**

**Mittelfristige Ziele – 1 – 5 Jahre**

**Langfristige Ziele – mehr als 5 Jahre**

| Ökonomisch (wirtschaftlich) | Ökologisch (Umwelt) | Sozial |
|---|---|---|
| *Kundenbindungen / Erhöhung* | Ressourcen schonen | **Mitarbeitermotivation** |
| **Umsatzsteigerung** | Recycling | Sichere Arbeitsplätze |
| Kostensenkung | Lärmreduzierung | Gutes Betriebsklima |
| Konkurrenzverdrängung | Transport umweltfreundlich | *Arbeitsplatzgestaltung (Ergonomisch)* |
| | | Freiwillige Sozialleistungen |
| | | Chancengleichheit |

Konkurrierende Ziele – Konflikt zwischen den Zielen (Kostensenkung – Sozialleistungen)

**Komplementäre Ziele** – Idealfall – Umsatzsteigerung durch Mitarbeitermotivation

*Indifferente Ziele* - kein Zusammenhang

## *11.3 Interesse an den Unternehmenszielen*
## Stakeholder (Interessenten)

- Investoren / Aktionäre

- Mitarbeiter

- Gewerkschaften

- Kunden

- Lieferanten

- Eigentümergesellschaft

- Geschäftsführer

- Stadt / Finanzamt / Staat / Kommunen

- Mitbewerber (Konkurrenz)

- Banken

- Betriebsrat

- Andere Unternehmen als Partner

# 12. Erfolgreich präsentieren und reflektieren

- Gelassenheit

- Verantwortungsbereitschaft

- Fachliche Kompetenz

- Sicherheit / Spontaneität

- Struktur

- Konzentration

- Vorbereitung

- Aufmerksamkeit / Empathie

- Anpassungsbereitschaft / Kompromissbereitschaft

- Engagement

- Spaß (am Thema)

- Gestik / Mimik / nonverbale Kommunikation

## 12.1 Tipps gegen Lampenfieber

- Beruhigungsmittel (pflanzlich)

- Gründliche Vorbereitung / Sicherheit

- Karteikarten zur Hilfe

- Humor

- Entspannung

- Üben vor Familie / Betriebsblindheit vorbeugen

- Worst Case Szenario ausmalen und Strategien entwickeln gegen worst case

- Pünktlich / ausreichend Zeit zur Vorbereitung

- Nicht zu große Erwartungen haben

- Positiv gestimmt sein (Eigenmotivation)

- Mimik & Gestik

- Bequeme Haltung

- Medien nutzen

- Kleidung, nicht Verkleidung

- Sympathische Zuhörer ansprechen und interagieren

- Glücksbringer


## 12.2 Die Planung der Präsentation

Ziel – Auftrag – Kontext der Präsentation

| Thema | Was ist mein Thema? |
|---|---|
| Anlass | Warum mache ich die Präsentation? |
| | Welchen Grund hat die Präsentation? (Hintergründe) |
| | Wer hat die Präsentation in Auftrag gegeben? |
| Ziele | Welche Ziele habe(n) ich (wir)? |
| | Kann ich mein Ziele überprüfen? (SMART) |
| | Was will ich erreichen / verändern? Problemlösung aktueller Sachverhalte |
| | Welche Konflikte können entstehen und wie kann ich diese lösen? |
| Zielgruppe | Publikum: Vorwissen, Motivation (intern & extern) |
| | Gruppe der Teilnehmer ansprechen (Vorgesetzte oder Kollegen) |
| | Präsentation anpassen |
| Zeitbudget | Wie viel Zeit habe ich für meine Präsentation? |
| | Zeit für Rückfragen aus dem Publikum? |
| | Reicht die Zeit für Humor, Sarkasmus und Ironie? |
| | Wie viel Zeit hat jeder Einzelne, bei Gruppenarbeit? |
| | Tatsächliche Zeit für Handlungen ... |
| Wo kann ich recherchieren? | Internet (vertrauenswürdige Quellen) |

| | Fachliteratur / Expertenwissen |
|---|---|
| | Mitarbeiter |
| | Fachgeschäfte / Hersteller |
| | Bibliotheker / Archive |
| | Firmenchronik / Intranet |
| Welche Infos bringe ich unter? | Wichtigste Infos, objektiv betrachten |
| | Inhaltsbezogen (beim Thema bleiben) |
| | Themenrelevant |
| | Sachlich, prägnant, kurz |
| | Fachlich korrekt, zielführend |
| | Zielgruppenorientiert |
| | Altersgruppenorientiert |

## 12.3 Titel der Präsentation

- Interessant, Aufmerksamkeit erreichen, Informieren, Interesse wecken, Ziel

**Ideen für Titel:**

- Bezug zu aktuellen Themen herstellen
- Redewendungen
- Provokation
- Scherzhaft
- Zahlen & Nummern
- Titel als Frage formulieren?
- Filmtitel / Songtitel

## 12.4 Medieneinsatz

- Overhead-Projektor
- Flipcharts
- Tafel

- Tablets

- PowerPoint

- Videos einpflegen

- Mikrofon / Verstärker

- Beamer

- Hand-Outs (Flyer, Skripte, Dicke Mappen, Projektmappe ... ☺)


**Am besten lernen mit ...**

- Hand-Outs

- Karteikarten (selbst schreiben)

- Sehen / Tafel

- Handeln / selbst durchführen

- Hören

- Bezug herstellen / Beispiele

- Eselsbrücken

- Synonyme

- Sprechen / Besprechen


**Pinnwand (Metaplan) / Flipchart**

- Moderationskarten / Karteikarten

- Brainstorming

- Visualisierung / Gewichten können nach Ablauf

- Gemeinsamer Aufbau mit Teilnehmern / nicht fix / erweiterbar / spontan ändern

- Technikunabhängig

- Mehr Aufmerksamkeit der Teilnehmer

## Overhead-Projektor

- Größere Gruppen
- Nur kurze Infos / Bilder
- Gefahr der Überforderung bei zu vielen Informationen
- Abdecktechnik
- Overlay-Technik
- Nur unterstützend
- Nicht mehr zeitgemäß

## Beamer – PPP

- Visualisierung der Präsentation
- Große Gruppe
- Bilder und Videos einpflegen
- Digitalisierung
- Professioneller / angemessen für kaufmännische Berufe
- Bei miserabler Handschrift
- Mehr Sicherheit durch Rechtschreibkorrektur

## Aufbau der Präsentation

- Provokation / Humor / Anekdote / Geschichte / -> Frage bilden
- Überschrift, die Interesse weckt (Titel)
- Überblick / Inhaltsangabe / Struktur
- Reihenfolge / Prägnant / Kurz / Sachlich / Informativ / Zielführend / Einfach / Akustik / Lebendig / frei sprechen / interessant
- Zeit für Nachfragen / Feedback
- gefühlsbetonter Ausstieg (Wertschätzung)/ Zusammenfassung / Einleitung nochmal aufnehmen/
- Bedanken fürs „Zuhören" (auch auf der letzten Folie, KEINE FLOSKELN)

## 12.5 Feedback nach der Präsentation

- Nur auf Wunsch

- Direkt nach der Präsentation

- Konstruktiv, persönlich, sachlich, positiv, wohlwollend, ehrlich

- Ersichtlich, dass es die eigene Meinung ist (ich-Form)

- Verbesserungsvorschläge (positiv formulieren)


## 12.6 Bewertung einer Präsentation

- Guter Einstieg

- Thema getroffen

- Gestik, Mimik, Sprache, ...

- Publikum mit einbezogen (Zielgruppenorientiert)

- Auftreten des Redners (Fachlich korrekt, kompetent)

- Passender Medieneinsatz

- Struktur / roter Faden

- Niveau der Zielgruppe angepasst

- Zeitliche Angemessenheit

- Freundliches Auftreten und Verabschiedung

- Hand-Outs korrekt und aussagekräftig

**Literaturverzeichnis**

Bettermann, Hankofer, Lomb, Nolte, ter Voert, Kaufleute für Büromanagement, Lernfelder 1-4, 2. Auflage, Kiehl Verlag, 2015